© 2022, Jean-Baptiste Gellé
Édition : BoD – Books on Demand,
12/14 rond-point des
Champs-Élysées, 75008 Paris
Impression : BoD - Books on Demand,
Norderstedt, Allemagne
ISBN : 9782322392780
Dépôt légal : Mars 2022

1,2,3 : étapes la vie.

1ère Partie : Première étape

Naissance

Ah! Qu'elle est loin cette époque...
Celle où je n'étais qu'un bébé,
Ah! Quelle est loin cette époque....
Celle où je pleurais pour
m'exprimer...

Un prénom pour toute la vie,
Dehors un soleil qui brille,
Des parents heureux,
Je serais bien chez eux.

Des heures de douleurs pour ma
mère,
Des heures de peurs pour mon
père,
Mais après avoir attendu,
Voilà que je sors nu,

L'infirmière me prend

Et dit : « Il pèse 2 kilos 70 »,
Petit mais grand,
Voilà que je débute ma vie.

Je suis Jean-Baptiste.

Imagination

Je m'imagine un monde,
Dans lequel mon esprit s'inonde,
Mon âme voyage dans cette nature,
Endroit calme : je m'allonge dans cette pâture,

Le jour comme la nuit,
Je m'évade dans cet endroit,
Que le temps est long quand on s'ennuie,
Mais là-bas je suis le roi,

Aucune règle, aucune loi,
Aucune limite en cet endroit,
Tout m'est permis,

Alors seul dans mon lit,
Je m'imagine dans ce monde,
Dans lequel mon esprit s'inonde.

Petit, je voulais être....

Petit, je voulais être chasseur,
Petit, je voulais être chanteur,
Petit, je voulais être auteur,
Petit, je voulais être acteur,

Maintenant que je suis grand,
Je repense à ces rêves d'enfant,
Qui m'ont quitté avec le temps,
Mais qui me reviennent en chuchotant.

Souviens-toi, quand petit tu t'imaginais un monde,
Souviens-toi, quand petit tu t'imaginais un nouveau monde,
Il n'est pas trop tard pour ces rêves d'antan.

Deviens ce que tu veux même si tu es grand,
Petit, je voulais être….
Aujourd'hui, je décide d'être

Encore ce rêveur.

2ème Partie : Deuxième étape.

Toi et Moi

Dans cette sombre clarté, je t'aperçois,
Tu me parles, mais je n'entends plus ta voix,
Toi et ton joli visage, je ne peux t'oublier,
Tu es encré en moi que je pourrais même te dessiner,

Chaque fois que je le peux, je repense à cette soirée,
Où j'étais tranquille et tu vins me rencontrer,
En t'approchant doucement, je sentis ta chaleur,
Agréable sensation, qui remonte jusque dans mon cœur,

Tu as su enlever mes peurs, les remplaçants par des désirs,
Tu me rends visite pendant que je suis en train de dormir,
Chaque soir, ainsi j'attends ton retour,

Alors, une fois les yeux fermés commence le compte à rebours,
A ton apparition, tu fais fuir l'insomnie,
Petite éclaircie. Toi et Moi rêve c'est fini.

Mauvaise nuit

Sombres pensées qu'animent mon être,
Quand allez-vous me laissez ?
Je suis pris par cette hantise,
Laissez-moi me reposer,
Toi insomnie, disparaît de ce monde,
Me réveillant chaque nuit,
Par je ne sais quels moyens,
Ta présence m'est oppressante,
Toi insomnie qui vient parfois,
Accompagnée de ton ami : Le Cauchemar,
Vous allez de pair,
Et dans l'obscurité, vous agissez,
Ce n'est qu'une fois,
Bien réveillé et le jour levé,
Que vous disparaissez.

Illusions perdues

Illusions perdues de la jeunesse,
Ivre d'amour, propre destinée.
Ainsi paraît derrière ces mots,
Des maux qui décrivent ma peine,
Je me situe,
En haut de la plaine de la peine,
Pour y descendre,
Il me faut effacer ces chagrins,
Le souffle du vent emporte mes feuilles,
Puis, mon cahier de rimes mortes.
Alors, regardant au loin,
Je me refusais de ne pas assister à demain,
Je suis le cavalier de ma peine,
Je suis le soldat qui aime.
Un bout d'horizon à lumière blanche apparaît,

Je suis enfin en paix avec moi-même.
Le drapeau blanc se lève.

Adolescence et Moi

Naviguant vers des horizons incertains,
Naviguant sous n'importe quel temps,
Pluie, Soleil, Ouragan.
Tempête de ma vie,
Ô ! Toi mer agitée,
Faisant bouger les vagues,
Avec ton caractère désinvolte et arrogante,
Provocatrice en tout temps.
Je suis le capitaine de ce navire,
Famille, Amis, Amours, montez-y si vous le souhaitez,
Ne soyez pas effrayés du mal de mer,
Je vous ramènerai à bon port,
Les phares me guident à travers la nuit,

À Bâbord !
À Tribord !
Je m'excuse d'avance pour les nausées de la traversée,
Mais vous m'accompagnez, dans cette épopée,
Qui est ma grande aventure !

1 Feuille, 1 stylo

En main, une feuille blanche et un stylo,
En tête, des idées et des mots,
Venants en continu sans interruption,
Mais j'écris sans obligation,

Par mes écrits, j'illustre mes peines,
Par mes écrits, j'exprime ma haine,
Écrire me permet de voyager,
Alors, je m'évade devenant étranger de me pensées.

En main, une feuille qui se remplit,
En main, un crayon en fin de vie,
Les mots me viennent en abondance,
Et dans ma tête, les idées dansent,

Sans effort, mon stylo glisse,
Et sur ma feuille, les mots se hissent,
Sur cette fin, je décide de jeter l'encre,
Et sur mon papier, l'encre s'ancre.

Héros comme lui

Je m'invente des histoires dont je suis le Héros,
Je m'invente des soirs où je suis Roméo.

Je ne suis pas

Je ne suis pas Baudelaire,
Je ne suis pas Mozart,
Je fais mon propre Art,
Je suis mon propre Air,

J'écris pour ne pas oublier,
J'écris pour ne pas crier,
J'écris par passion,
Et mettre de côté mon exaspération,

Je suis comme Van Gogh,
J'aime les nuits étoilées,
Où j'écoute chanter les étoiles,

Je peux être démagogue,
Mais j'aime m'évader,
Je tisse ma propre toile.

3ème Partie : Dernière étape

Tic-Tac

Tic-Tac, quand on est petit on ne fait pas attention à ce bruit,
Tic-Tac, adolescent on passe son temps à prendre son temps,
Tic-Tac, les âges et les années passent,
Tic-Tac, atteint la vingtaine on décide de se prendre en main,
Tic-Tac, ce son aux allures innocentes est si joli,
Tic-Tac, on arrive à la fin de sa vie,
Tic-Tac,
Tic-Tac, c'est le son du destin qui est omniprésent.

Lointaine époque

Ô toi et ton sourire,
Tu me dis de ne pas me retourner,
Pour ne pas te voir partir,
Et je pouvais crier,

Mais vite essoufflé,
Je te vis t'éloigner,
Un bruit j'ai perçu,
Qu' Innocence je t'ai perdu,

Tes pas se firent silencieux,
T'évaporant dans ce brouillard,
Laissant place à ce temps pluvieux,
Je me souviens à quel point tu étais bavarde,

Des larmes coulèrent de mon œil,
À ce moment, j'étais en deuil,

J'attendais que tu me fasses un signe, une adresse,
Ô toi, tu me manques jeunesse….

Parler de toi

Assis dans le noir,
Je perds espoir,
De te revoir,

Impossible de faire demi-tour,
Le temps me manque donc je cours,
Vers cet endroit qu'on appelle
l'amour,

Épuisé de ce long chemin parcouru,
Me voilà vers cet inconnu,
Je m'avance en espérant ne pas
être déçu,

Bon vivant et heureux,
Mais parfois triste et malheureux,
J'essaye de rester valeureux,

Tu es parti avec Innocence,

Tu m'as laissé avec Adolescence,
Avec je marchais en contresens,

Je t'ai perdu Jeunesse,
Je suis avec Vieillesse,
On parle de toi avec gentillesse.

Esprit vaincu

Feuilles blanches, cahiers mornes,
Je me retrouve vaincu sans idée,
Poésie à l'aspect difforme,
Je te convoque, toi inspiration exilée,

M'as tu laissé tomber?
Où est-ce que tu es passée?
Je t'en prie, reviens moi,
Mon âme est en détresse, j'ai tant besoin de toi,

Serré dans tes bras,
Je puisais mes idées,
Serré dans tes bras,
J'étais en sécurité,

Sans toi, je ne sais quoi écrire,

Je dérive dans les profondeurs de mon esprit,
Reviens me chercher,
J'ai besoin de toi pour remonter,

Enivrer par ma passion,
L'encre de ma plume est ma drogue,
J'en suis ivre lorsque j'écris car avec je trouve des solutions,
À travers ma poésie, j'essaye d'exprimer des émotions,

Serré dans tes bras,
Je pouvais avancer,
Serré dans tes bras,
J'avais l'espoir de continuer,

Que fais-tu ?
Mon esprit est lèger, reviens le compléter,
Écrits sans inspirations !
Écrits sans émotions !

Il faut avouer que tu y' es pour beaucoup,
Dans mes textes, ma poésie, ma vie,
Tu complètes ma personnalité,
S'il te plaît, reviens moi,

Éloigné de tes bras,
Je te laisse partir,
Éloigné de tes bras,
Je te laisse respirer,

Quand reviendras l'heure, tu te feras présente,

Mais en cette heure, je t'en suis exempt,
Poème sans Inspiration,
Esprit vaincu, sans idées.

Dernière Valse

Attendant sa visite depuis longtemps,
L'ayant déjà aperçue auparavant,

Elle est enfin là,
Je la sens près de moi,

En sa compagnie je me fais timide,
Je ne sais que faire elle m'intimide,

Sur un rythme lent et régulier,
Légèreté dans ses gestes difficiles à manier,

Alors commence une danse effrénée,
De ses bras elle m'enlaçait,

Sur cette musique en 3 temps,

Je suis ses mouvements,

Musique enivrante, soirée dansante,
Je me laisse emporter : Valse tournoyante.

Par cette chaude nuit d'été la soirée n'est pas terminée,
Loin de mes 20 ans je vais enfin te rencontrer,

Le temps passe. Elle ne veut pas que je parte,
Alors en sa compagnie je m'hydrate,

Vêtue de sa jolie robe noire,
Je lui propose donc de s'asseoir,

Nouvelle musique, nouvelle cadence,
Nouveaux gestes, nouvelles danses,

Consciente de sa renommée,
Elle fait de moi son jouet,

Aveuglé par sa silhouette,
Elle me guide comme sa marionnette,

Toujours en suivant cette musique en 3 temps,
Je me dis qu'elle a dû faire de la peine aux gens,

Sa beauté mystérieuse me transporte ailleurs,

J'en oublie même de regarder l'heure,

Lorsqu'enfin j'arrive à tenir ses mains,
Sa chaleur laisse place à la froideur : Je la crains.

Je tente de lui lâcher prise,
Mais je suis sous son emprise,

Troisième valse qui commence,
C'est sûrement ma dernière danse,

Toujours emprisonné j'essaye de me débattre,
À mon oreille elle me dit que mon cœur allait s'arrêter de battre,

Pensant que c'était un rêve,
j'essaye de me réveiller,

Rien n'y fait: c'est la réalité,

Ayant été désarmé par son charme,
N'ayant pas fait attention me voilà sans arme,

Je lui demande pourquoi elle agissait ainsi,
Elle me répond que c'est son rôle de prendre les vies,

Après qu'elle m'ait pris les mains,
Je vis la lumière mais pas demain,

Laissant derrière : Mes amis, ma famille en peine,
Mais ils savent que je les aime.

Ce fut ma dernière valse.